小さな草花でいろどる
リボン刺繍 & 小物たち

Ribbon Embroidery

poritorie
植木理絵

日本文芸社

はじめに

18世紀ごろのヨーロッパで生まれ、貴族の衣装や身のまわりの装飾品に使われていたリボン刺繍。きらびやかなイメージをもっている人も多いと思いますが、実際のリボン刺繍は素材によって、華やかにも清楚にもなる、とても多彩な刺繍です。ベーシックなステッチもリボンで刺してみると、ひと針でふっくらとした花びらや、ふんわりとした葉っぱができあがります。糸の刺繍とは違ったおもしろさがありますし、シンプルなステッチの組み合わせでデイジー、スズラン、バラ、スミレなど様々な花を表現できるところも魅力です。この本で紹介したステッチはどれもとても簡単。ぜひ好みのリボンで、自分だけの花を咲かせてみてください。

contents

3 はじめに
6 リボン刺繍のこと

8 誕生花のブローチ
12 実と花のかご bag
14 蔦と野菊のがま口ポーチ
16 花かんむりのむぎわら帽子

18 あじさいの巾着
19 マーガレットとスズランのスケッチ
20 ハナコトバブローチ
24 スミレとスズランのルームウェア
25 スミレのアイマスク
26 secret garden バッグ
28 野バラのストライプバッグ

29	水玉と花の丸底巾着	38	リボン刺繡の基本
30	2色の花びらのくるみボタン	39	エンブロイダリーリボンのこと
32	nostalgie ヘアバンド	40	リボン刺繡に使う道具
33	花摘みリップケース	41	刺しはじめ　刺し終わり
34	ミモザのブラウス & ミニバッグ	42	この本の刺し方の見方
36	マーガレットの耳飾り	43	リボン刺繡 ステッチガイド
37	マーガレットのブローチ	50	糸の刺繡 ステッチガイド
		52	作り方

リボンを専用の針に通してステッチすることをリボン刺繡といいます。
幅のあるリボンで、刺繡なんてできるの?と思うかもしれませんが
薄くてしなやかなリボンは、驚くほどするすると布目を通って
かわいいモチーフへと姿をかえます。

Ribbon Embroidery
リボン刺繡のこと

この本の刺繍はどれも、刺繍枠を使わなくても刺せます。
糸刺繍よりも針運びが目立たないところや
ひと針でリボンの幅のぶんステッチが進むので
早く面がうまるところなど、
刺繍がはじめての人でもチャレンジしやすいはず。

ぜひ、小さなモチーフからはじめてみてください。

Jan.
1月スノードロップ

Feb.
2月マーガレット

Mar.
3月スミレ

誕生花のブローチ

可憐に咲く野の花をとじ込めたブローチ。
生まれた季節にちなんだ誕生花をモチーフに、
カラフルなリネンの生地に色とりどりの花を咲かせました。
誰かのために、自分のために、
オーダーメイドなバースデープレゼントにしてみては。

How to make page 52-54

Apr.

4月ワスレナグサ

May

5月カーネーション

Jun.

6月バラ

Jul. 7月トルコキキョウ

Sep. 9月アスター

Aug.

8月ヒマワリ

How to make page 55-57

Oct.
10月ガーベラ

Nov.
11月ブバルディア

Dec.
12月カトレア

実と花のかご bag

幅広のベロアリボンに刺したのは
花が咲き、実がこぼれる、饒舌なモノトーンのモチーフ。
色をたくさん使わなくても、リボンの種類とステッチで
これだけ様々な表現ができます。
かごバッグの持ち手に縫いとめているだけなので、
季節に合わせてつけかえて楽しんで。

蔦と野菊のがま口ポーチ

がま口ポーチは、繊細にからまる蔦から
金色の小さな野菊が顔を出している、
秋の野山をイメージした図案。
色違いは、生成りの生地をベースに
グレーベージュのトーンでまとめました。
より大人っぽい印象になっています。

花かんむりのむぎわら帽子

小さな花模様

秋色草花

刺繍した布をあしらって、よそいき顔のむぎわら帽子に。
黒いベースに色数を抑えた図案の組み合わせは
刺繍も映えて、小物としても使いやすいのでおすすめです。

How to make page 63

あじさいの巾着

雨の降る庭にそっと咲いた
大輪のあじさいをモチーフに。
花びらを1枚ずつ幅広のリボンで刺すことで、
みずみずしく重なり合った様子をあらわしています。
ふんわり刺すのがポイントです。

マーガレットとスズランのスケッチ

憧憬を思わせるマーガレットと
凛としたたたずまいのスズラン。
はっとするようなその白さに、
思わずスケッチをそのまま刺繍したくなりました。
どちらも、花びらの表現にこだわって刺しています。

How to make page 67

ポピー
七色の愛　乙女らしさ　休息

ハナミズキ
私の愛を受け止めてください　華やかな恋

ハナコトバブローチ

ノイバラ
素朴なかわいらしさ　才能　やさしい心

How to make　page 68-71

刺繍を贈ることで、
大切に思っている人に気持ちを伝えたり、
元気づけたりできたら素敵だな。
そんな気持ちで花言葉をこめたモチーフを
刺してみました。
大切な人へ、思いを伝える贈り物にしては。

プリムラ
初恋　憧れ　純潔

ブラックベリー
あなたとともに　人を思いやる心

モッコウバラ
純潔　初恋　幼いころの幸せな時間

ヤグルマギク
繊細・優美　幸福　感謝

ラズベリー
甘い香り　誘惑　尊重と愛情

ライラック
思い出　友情　謙虚

カラスノエンドウ
小さな恋人たち　喜びの訪れ　未来の幸せ

ツルニチニチソウ
若い友情　楽しい思い出

How to make　page 71-74

マリーゴールド
予言　友情　真心

ラナンキュラス
晴れやかな魅力　魅力的　名誉

ヤマブキ
気品　崇高　金運

スミレとスズランのルームウェア

ラベンダーカラーのルームウェアに
小さなスミレとスズラン。
ひっそりと咲く2つの花を組み合わせて、
エンブレムのようなモチーフを作りました。
大切に着たい一着です。

スミレのアイマスク

静かな眠りへと誘う、シックな色のアイマスク。
自分だけのリラックスタイムを楽しむアイテムには、
アロマオイルを数滴落として使ってみても。

How to make page 80

secret garden バッグ

それぞれ個性的なモチーフだけれど、
色選びや大きさに少し気を配ると、
まとまりのある図案になります。
まるで色とりどりの花が集まって、
ひとつの庭になったみたい。

How to make page 75

野バラの
ストライプバッグ

既成のストライプバッグの柄を生かして
ライン模様を刺しました。
スレッデッドランニングステッチは
生地にリボンを通さないので、
厚地の場合も刺しやすい
ステッチです。

生地の柄をうまく利用して刺繍をあしらうと、
無地に刺すときとは違った仕上がりが楽しめます。
ここでは水玉を花芯に見立ててみました。
ウールやガーゼなど、チャコペーパーでは
図案が写しにくい生地のときにも便利です。

水玉と花の丸底巾着

How to make page 83

2色の花びらのくるみボタン

シンプルな花モチーフは、2色のリボンの
組み合わせでいろいろな雰囲気に仕上がります。
くるみボタンはコートや
ジャケットにあしらったりするだけでなく、
ピンブローチやヘアゴムにもアレンジできます。

nostalgie ヘアバンド

モノトーンベースのシックな図案なら
かわいくなりすぎず帽子がわりに着けられます。
後ろにリボンをつけて、
ゴム部分が見えないようにひと工夫しています。

花摘みリップケース

花モチーフに少しのユーモアをプラスした、
小さながま口のリップケース。
チェーンをつけてバッグチャームにすれば、
いつでもすぐにリップが取り出せてとっても便利です。

How to make page 88

自然に溶け込むような服を作ってみたくて、ミモザをひと枝ブラウスにあしらってみました。
ミモザのほわほわとした花は、リボンのギャザーで表現しています。
おそろいのバッグは少し発色のよいリボンに替えて、ひと房モチーフでアレンジ。

ミモザのブラウス
＆ミニバッグ

How to make　page 89

マーガレットの耳飾り

光と影のマーガレット。
クラシカルなデザインは色で主張しなくても、
自然と目がいく存在感のあるアクセサリーになります。
ピアス金具がついていますが、
イヤリングにもかえられます。

マーガレットのブローチ

アンティークのくるみボタンで見つけたこのデザイン。
どんな風にできているのか知りたくて、
ドキドキしながらほどいてみたことを思い出します。
古きよき時代の、工夫を感じる一輪です。

How to make page 91

Ribbon Embroidery
Basics　　　リボン刺繍の基本

リボン刺繍では、たくさんのステッチテクニックや
様々な種類のリボンを使わなくても、かわいい作品を作ることができます。
シンプルなリボンでも色々な花びらや枝葉の様子を表現できますし、
刺繍糸と組み合わせればリボンならではのよさが際立ちます。
ここでは、この本で使用しているリボンと
ステッチについて解説します。

Basics

エンブロイダリーリボンのこと

エンブロイダリーリボンとは、刺繍に使うリボンヤーンのこと。専用の針に通して使用します。色、素材ともに豊富ですが、この本で使用しているのは左の4つのタイプ。それぞれの特徴があります。同じモチーフを刺しても、リボンをかえるだけでがらっと雰囲気の違うものになりますから、リボン選びはとても重要です。

〈実物大見本〉

A
1540（465）－3.5mm幅
アクリル100％
やわらかくて刺しやすい、定番のリボン。約100色のカラーバリエーションがある。

B
1540（465）－7mm幅
アクリル100％
Aの幅違い。同様に、約50色のカラーバリエーションがある。

C
1542（5）
プロミックス100％
16色展開のグラデーションカラーリボン。Aよりほんの少しだけ張りがある。

D
1548（14）
ポリエステル100％
5mm幅のリボンの両端にピコットがついたもの。少し厚手で張りがあり、目の細かい薄い生地には不向き。40色展開。

＊この本ではMOKUBAのエンブロイダリーリボンを使用しています。品番（色番）はMOKUBAの商品番号です。

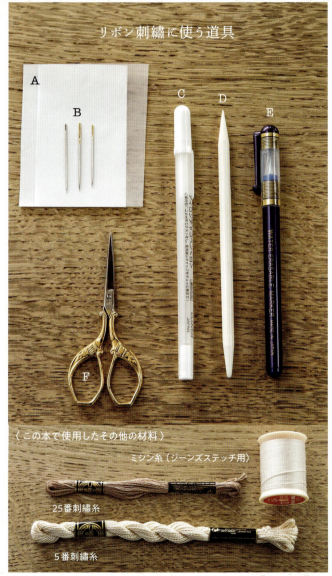

A　チャコペーパー、トレーシングペーパー

B　針　刺繍針と、リボン刺繍用の針2種類。

C　チャコペン（白）
　　色の濃い布に図案を描きます。

D　トレーサー
　　チャコペーパーを使って図案を写します。

E　チャコペン（青）
　　図案が薄いときに描き足します。

F　はさみ
　　リボン、糸を切ります。

この本の刺繍は、刺繍枠を使わなくても刺すことができます。作品ごとの用具は刺し方ページ（p.52-95）を参照してください。

〈図案の写し方〉

トレーシングペーパーに図案を写します。次に、布の上にチャコペーパーと写した図案をのせ、トレーサーでなぞります。透明のフィルムを乗せると、図案をいためずに写せます。

*この本ではDMCの刺繍糸を使用しています。品番（色番）はDMCの商品番号です。

刺しはじめ

1 リボンを30cmぐらいにカットして、針に通します。

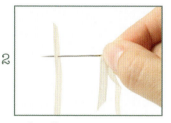

2 リボンの端から1cmぐらいのところに針を刺します。

3 リボンを引き、できたループに針先を1回くぐらせます。

4 そのままリボンを引き締めます。

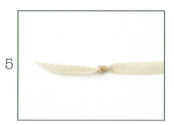

5 玉結びができました。この状態から刺しはじめます。

刺し終わり

1 布裏の終わりたい位置で針にリボンを1回かけます。

2 かけたリボンを押さえながら、針を引き抜きます。

3 玉どめができました。5mm程度残してカットします。

この本の刺し方の見方

〔作品〕　　〔実物大図案〕　　〔刺し方図〕

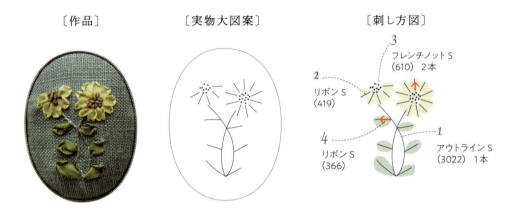

- リボンS、フレンチノットSなどの「S」は「ステッチ」の略です。
- 大きい数字は刺す順番を示しています。数字のないものは、どこから刺してもよいです。
- 赤い矢印は刺す方向を示しています。
- （　）内はリボンの色番号です。「7㎜」とある場合はリボンの幅を示しています。
  表記がない場合はすべて3.5㎜幅です。
- 2本、3本と表記があるものは刺繍糸で、指定の本数で刺します。
- 5番、30番は糸の番手（太さの目安）で、表記がないものはすべて25番刺繍糸です。

リボンステッチ
p.44

フレンチノットステッチ
p.45

レイズドサテンステッチ
p.45

レゼーデイジーステッチ
p.46

Ribbon Embroidery
Stitch guide
リボン刺繍 ステッチガイド

ギャザードローズステッチ
小花
p.47

ギャザードローズステッチ
丸花
p.48

スパイダーウェブローズステッチ
p.49

フィッシュボーンステッチ
p.50

43

リボンステッチ 2種 2−1

1 図案の1から針を出し、図案にそってリボンをのばし、2の位置にリボンの上から針を入れます。

2 ゆっくりと引きます。ループが小さくなってきたらリボンのきわ（白い線の位置）を押さえて引くと、リボンの引きすぎを防ぐことができます。

3 リボンステッチができました。

NG　勢いよく引きすぎると、リボンの幅がせまくなったり、端が細くなってしまいます。

1 図案の1から針を出し、図案にそってリボンをのばし、2の位置にリボンの上から針を入れます。

2 ゆっくりとリボンを引きます。ループが小さくなってきたら、指を1本ループに入れて、リボンがねじれないように整えます。

3 そのまま指をはずして、ゆっくりと引き、リボンの端のカールを残します。（刺し方図では「リボンSカール」と表記）

ストレートステッチ 2−1

1 図案の1から針を出し、そのまま2に針を入れます。

2 ゆっくりとリボンを引きます。ストレートステッチができました。

Stitch guide

フレンチノットステッチ（1回巻き） ○

1 図案の○の位置に針を出し、針先にリボンを1回巻きます。

2 針を出した位置のすぐ隣（○の中）に針を入れ、リボンを引いて巻いたところを引き締めます。

3 ゆっくりと針とリボンを引き抜きます。

4 フレンチノットステッチができました。

レイズドサテンステッチ ○

1 図案の○の位置にフレンチノットステッチ（1回巻き）を刺します。すぐ横から針を出して、フレンチノットステッチをまたぐように針を入れます。

2 ゆっくりとリボンを引きます。ふんわりとフレンチノットステッチがくるまれるところまで引きます。
レイズドサテンステッチができました。

レゼーデイジーステッチ

1. 図案の1から針を出し、リボンを表に出します。次に、1のすぐ隣に針を入れ、2の位置から針先を出します。

2. 1の針先に、リボンをかけます。このとき、ねじれたりよれたりしないように気をつけます。

3. リボンを写真のようにかけたら指で押さえ、針を引き抜きます。

4. リボンがきれいに整った状態のループができます。図案にそってリボンをのばし、3の位置にリボンの上から針を入れます。

5. レゼーデイジーステッチができました。

2色のレゼーデイジーステッチ

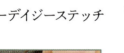

1. 図案の1から針を出します。図案にそってリボンをのばし、2の位置にリボンの上から針を入れます。

2. リボンステッチがひとつできました。

3. 別のリボンを針に通し、3の位置から出します。2のリボンステッチに横から針を通します。

Stitch guide

4 リボンを整えながら引きます。

5 図案の3のすぐ隣に針を入れ、リボンを整えながらループを作ります。2色のレゼーデイジーステッチができました。

写真のような花びらを作る場合、図案の1、2のリボンステッチの部分を続けて刺してからリボンをかえ、ループ部分を刺します。

ギャザードローズステッチ 小花　○

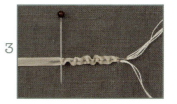

1 リボンと刺繍糸それぞれを針に通し、図案の○の位置から別々に出します。

2 リボンの3.5cmの位置に、まち針をうちます。

3 まち針の位置まで、刺繍糸でリボンの中央を2mm程度の針目でなみ縫いし、糸を引き締めます。

4 まち針をはずし、刺繍糸の針を、出した位置のすぐ隣に入れます。次に、リボンの針も出した位置のすぐ隣に入れます。

5 ギャザードローズステッチ 小花ができました。

ギャザードローズステッチ 丸花

丸花のリボンの幅

1. 図案の○からリボンの幅の半分離れたところを1とします。リボンと刺繍糸それぞれを針に通し、1の位置から出します。

2. リボンの5cmの位置に、まち針をうちます。※作品によって寸法がかわります。

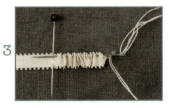

3. まち針の位置まで、刺繍糸でリボンの上端を2mm程度の針目でなみ縫いします。

4. まち針をはずし、糸を引き締めてリボンを縮めたら刺繍糸の針を出した位置のすぐ隣に入れます。

5. リボンをまるい状態に整えます。

6. 刺しはじめの部分を少しめくって、中心近くの位置にリボンの針を入れます。

7. 刺繍糸の針を表に出し、ギャザーに隠れる位置を2、3カ所とめつけます。

8. ギャザードローズステッチ 丸花ができました。

Stitch guide

スパイダーウェブローズステッチ

1

まず刺繍糸を針に通し、抜けにくいように図案の間に1カ所小さく刺します。次に、図案の通りに5本、ベースになるストレートステッチを刺します。

2

最後にもう一度、図案の間に小さく出し入れしてから、裏で刺繍糸を始末します。ベースができました。

3

リボンを針に通して、図案の中心近くから表に出します。

4

針をくるくると回して、リボンによりをかけます。

5

5本のベースを、1本おきに、時計回りに通します。

6

1周通したところ。リボンはよりのかかった状態を崩さず、ベースを交互にくぐらせます。くり返すと、中心から外側に向かって花びらが増えていきます。

7

ベースの糸に通せなくなるところまで刺したら、リボンを裏側に出します。

8

スパイダーウェブローズステッチができました。

フィッシュボーンステッチ

1 図案の1から針を出し、図案に沿ってリボンを伸ばし、2の位置にリボンの上から針を入れます。

2 1から図案沿いに3mm左のところに針を出します。

3 図案の中央のラインに向かってリボンを伸ばし、2の位置から3mm下、1mm右の位置に、リボンの上から針を入れます。

4 図案の右側で、2、3と同じ要領で対称に刺します。

5 左右交互に全部で8回くり返します。最後は中央のライン上に刺します。フィッシュボーンステッチができました。

糸の刺繍 ステッチガイド

Embroidery Stitch guide

ストレートステッチ

図案に合わせて、まっすぐ刺します。続けて刺すとランニングステッチになります。

フライステッチ

1から2に渡るステッチを3から出した針で引っかけて4に入れます。

Stitch guide

スレッデッドランニングステッチ　- - - -

1 刺繡糸を針に通し、図案に合わせてランニングステッチをします。次に、リボンを針に通し、図案の端から出します。

2 隣のランニングステッチに、上から下に針を通します。

3 リボンを整えながらステッチに通します。

4 隣のランニングステッチに、下から上に通します。

5 2～4を交互にくり返します。スレデッドランニングステッチができました。

アウトラインステッチ

1から2にひと目刺し、
半目分戻って
3に針を出します。

フレンチノットステッチ

1から針を出し、
糸を1回巻きつけてから
すぐ隣に針を入れ、
引き抜きます。

誕生花のブローチ page 8・9

すべて共通
ブローチ台 / 銅板つきカラワクブローチ　30×40㎜（シルバー）
ジーンズステッチ糸（ブローチ仕立て用）
その他 / 接着材

p.94 ブローチの仕立て方を参照して作ります。

1月スノードロップ

生地 / リネン（ブルー）　8㎝角
リボン / 1540－3.5㎜ (348) (491)
25番刺繍糸 / (502) (522)

〔実物大図案〕　　〔刺し方図〕

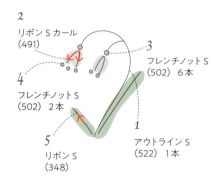

2 リボン S カール (491)
3 フレンチノット S (502) 6本
4 フレンチノット S (502) 2本
5 リボン S (348)
1 アウトライン S (522) 1本

2月マーガレット

生地 / リネン（コーラルピンク）　8㎝角
リボン / 1540－3.5㎜ (419) (491)
25番刺繍糸 / (524)

〔実物大図案〕　　〔刺し方図〕

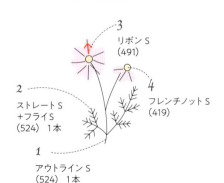

3 リボン S (491)
2 ストレート S ＋フライ S (524) 1本
4 フレンチノット S (419)
1 アウトライン S (524) 1本

3月スミレ

生地/リネン（イエロー）8cm角
リボン/1540－3.5mm（198）
　　　7mm（366）
　　　1542（9）
25番刺繡糸/（3051）

〔実物大図案〕

〔刺し方図〕

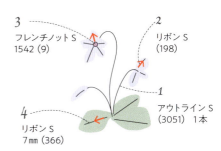

1　アウトラインS（3051）1本
2　リボンS（198）
3　フレンチノットS　1542（9）
4　リボンS　7mm（366）

4月ワスレナグサ

生地/リネン（ライトグリーン）8cm角
リボン/1540－3.5mm（252）（366）
25番刺繡糸/（3013）（3046）

〔実物大図案〕

〔刺し方図〕

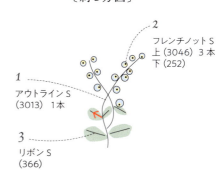

1　アウトラインS（3013）1本
2　フレンチノットS　上（3046）3本　下（252）
3　リボンS（366）

誕生花のブローチ page 9・10

5月 カーネーション

生地 / リネン（グレイッシュピンク）8cm角
リボン / 1540－3.5mm（379）
　1542（2）
25番刺繡糸 /（152）（3816）

〔実物大図案〕　〔刺し方図〕

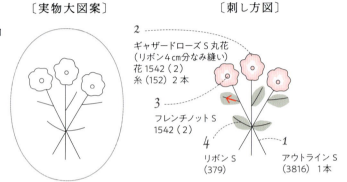

2 ギャザードローズS 丸花
（リボン4cm分なみ縫い）
花 1542（2）
糸（152）2本

3 フレンチノットS
1542（2）

4 リボンS
（379）

1 アウトラインS
（3816）1本

6月 バラ

生地 / リネン（ライトグレー）8cm角
リボン / 1540－3.5mm（366）（465）
5番刺繡糸 /（ECRU）
25番刺繡糸 /（3051）

〔実物大図案〕　〔刺し方図〕

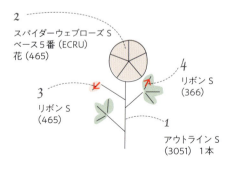

2 スパイダーウェブローズS
ベース5番（ECRU）
花（465）

3 リボンS
（465）

4 リボンS
（366）

1 アウトラインS
（3051）1本

7月トルコキキョウ

生地/リネン（チャコールグレー）8cm角
リボン/1540－3.5mm (102)(374)(386)
25番刺繍糸/(3013)

〔実物大図案〕　〔刺し方図〕

2 …… レイズドサテンS (102)
3 …… フレンチノットS (386)
4 …… リボンS (374)
1 …… アウトラインS (3013) 1本

8月ヒマワリ

生地/リネン（グリーン）8cm角
リボン/1540－3.5mm (366)(419)
25番刺繍糸/(610)(3022)

〔実物大図案〕　〔刺し方図〕

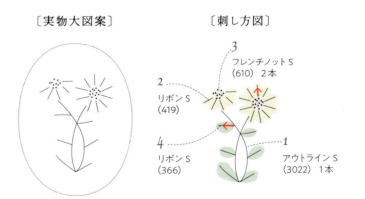

3 …… フレンチノットS (610) 2本
2 …… リボンS (419)
4 …… リボンS (366)
1 …… アウトラインS (3022) 1本

誕生花のブローチ　page 10・11

9月アスター

生地/リネン（ピンク）　8cm角
リボン/1540－3.5㎜（113）(379)(386)
25番刺繍糸/(3022)

〔実物大図案〕

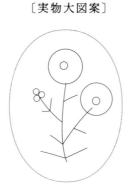

〔刺し方図〕

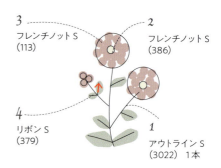

3 フレンチノットS
(113)

2 フレンチノットS
(386)

4 リボンS
(379)

1 アウトラインS
(3022)　1本

10月ガーベラ

生地/リネン（ライトグリーン）　8cm角
リボン/1540－3.5㎜（112）(374)(465)
25番刺繍糸/(758)(3013)(3778)

〔実物大図案〕

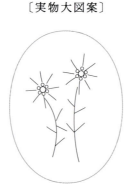

〔刺し方図〕

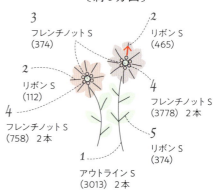

3 フレンチノットS
(374)

2 リボンS
(465)

2 リボンS
(112)

4 フレンチノットS
(3778)　2本

4 フレンチノットS
(758)　2本

5 リボンS
(374)

1 アウトラインS
(3013)　2本

11月 ブバルディア

生地 / リネン（ブルーグレー） 8㎝角
リボン / 1540－3.5㎜ (491)
　　　 7㎜ (366)
25番刺繍糸 / (3053)

〔実物大図案〕

〔刺し方図〕

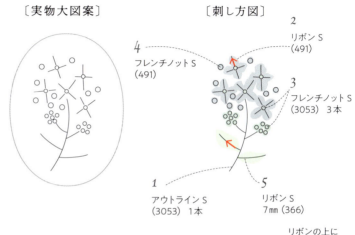

1 アウトライン S (3053) 1本
2 リボン S (491)
3 フレンチノット S (3053) 3本
4 フレンチノット S (491)
5 リボン S 7㎜ (366)

12月 カトレア

生地 / リネン（コーラルピンク） 8㎝角
リボン / 1540－3.5㎜ (374) (491)
25番刺繍糸 / (414) (3046) (3053)

〔実物大図案〕

〔刺し方図〕

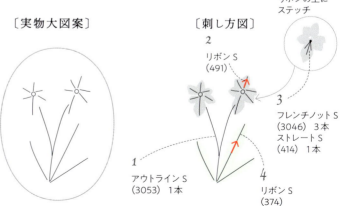

リボンの上にステッチ

1 アウトライン S (3053) 1本
2 リボン S (491)
3 フレンチノット S (3046) 3本
　ストレート S (414) 1本
4 リボン S (374)

実と花のかご bag page 12・13

a p.12　b p.13
生地/ベロアリボン幅7.5cm(NO.4643)70cm
　a オリーブ色　b グレー
リボン/
　a 1540−3.5mm (600)
　　　7mm (600)
　　　1548 (3)
　b 1540−3.5mm (470)
　　　7mm (470)
　　　1548 (11)
25番刺繍糸/a (310) b (ECRU)

〔仕立て方〕

〔刺し方図〕

この図は80%に縮小しています。
実物大図案は右ページをご覧ください。

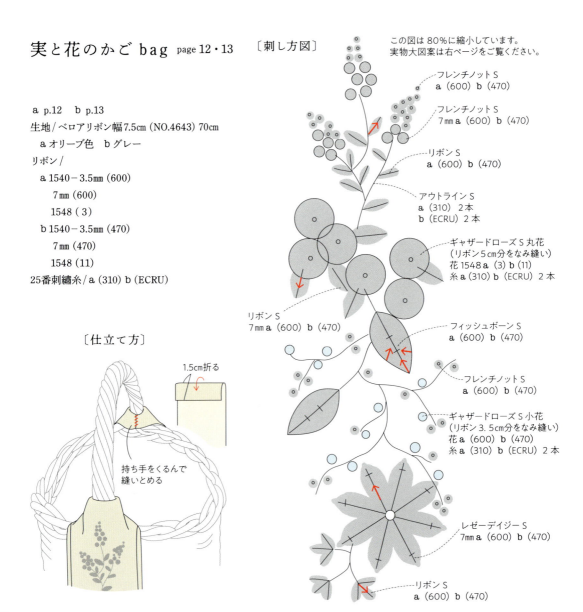

1.5cm折る
持ち手をくるんで縫いとめる

フレンチノットS
a (600) b (470)

フレンチノットS
7mm a (600) b (470)

リボンS
a (600) b (470)

アウトラインS
a (310) 2本
b (ECRU) 2本

ギャザードローズS 丸花
(リボン5cm分をなみ縫い)
花1548 a (3) b (11)
糸a (310) b (ECRU) 2本

リボンS
7mm a (600) b (470)

フィッシュボーンS
a (600) b (470)

フレンチノットS
a (600) b (470)

ギャザードローズS 小花
(リボン3.5cm分をなみ縫い)
花 a (600) b (470)
糸 a (310) b (ECRU) 2本

レゼーデイジーS
7mm a (600) b (470)

リボンS
a (600) b (470)

[実物大図案]

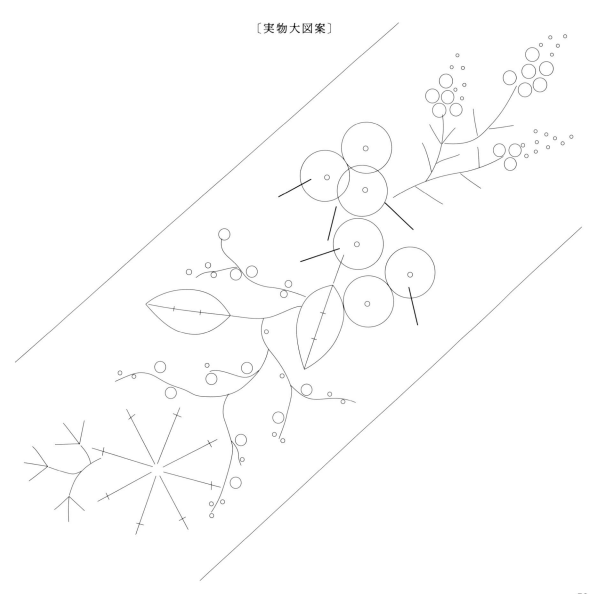

蔦と野菊のがま口ポーチ page 14・15

a p.14　b p.15
外袋/リネン（a ブルーグレー b アイボリー）27cm×18cmを2枚
内袋/コットン（ベージュ）27cm×18cmを2枚
口金/15cmくし型（F10 ATS・角田商店）＋紙ひも
その他/接着剤　目打ち　ペンチ
リボン/1540－3.5㎜　a（491）b（556）
　　　1548　a（14）b（47）
25番刺繍糸/a（676）（822）b（07）（841）

〔実物大図案と刺し方図〕

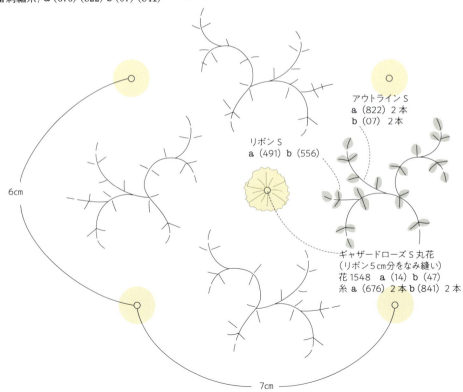

アウトラインS
a（822）2本
b（07）2本

リボンS
a（491）b（556）

ギャザードローズS 丸花
（リボン5cm分をなみ縫い）
花1548　a（14）b（47）
糸 a（676）2本 b（841）2本

6cm

7cm

〔仕立て方〕
1　外袋の前面に刺繍をします。
2　外袋、内袋の生地をカットします。
3　外袋、内袋のダーツをそれぞれ縫います。
4　p.78 secret garden バッグを参照して、同じ要領で仕立てます。

〔図案配置と型紙（縮小）〕
141％に拡大して使用してください。

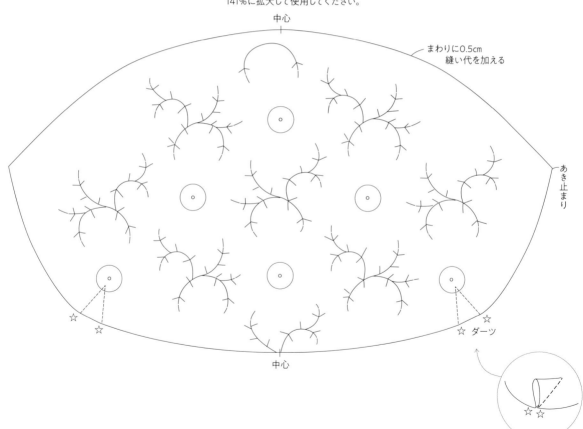

花かんむりのむぎわら帽子 page 16・17

花かんむり

生地 / リネン（黒）96cm×14cm

リボン / 1540−3.5mm (552) (556)

25番刺繍糸 / (844)

〔実物大図案と刺し方図〕

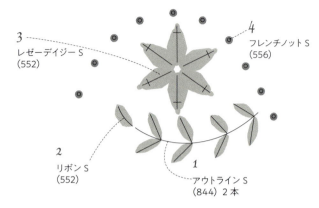

3 ‥‥ レゼーデイジー S (552)
4 ‥‥ フレンチノット S (556)
2 ‥‥ リボン S (552)
1 ‥‥ アウトライン S (844) 2本

〔図案配置〕 125%に拡大して使用してください。

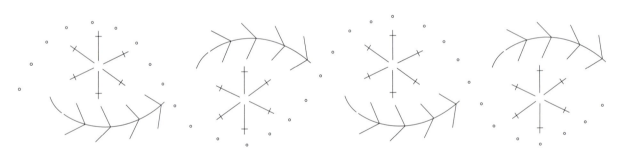

小さな花模様

生地 / リネン（黒）96cm×14cm

リボン / 1540−3.5mm (118) (556)

25番刺繍糸 / (844)

〔実物大図案と刺し方図〕

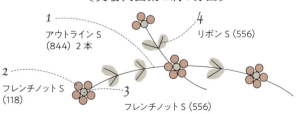

1 ‥‥ アウトライン S (844) 2本
4 ‥‥ リボン S (556)
2 ‥‥ フレンチノット S (118)
3 ‥‥ フレンチノット S (556)

[図案配置] 125%に拡大して使用してください。

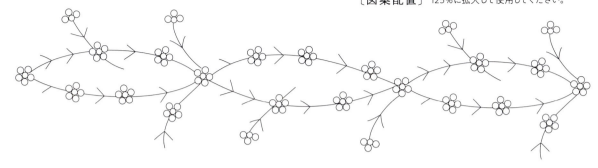

秋色草花

生地 / リネン (黒) 96cm×14cm

リボン /
　1540 − 3.5㎜ (440) (556)

25番刺繍糸 / (610) (844)

[実物大図案と刺し方図]

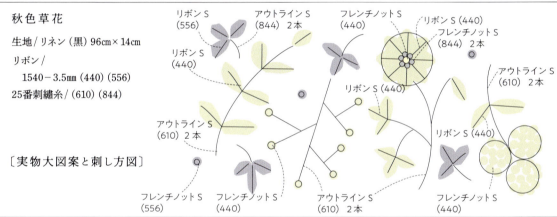

[図案配置] 125%に拡大して使用してください。

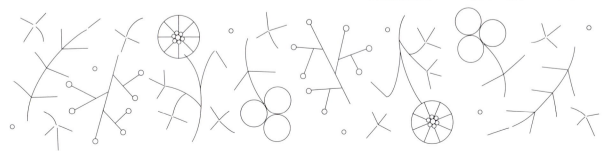

[仕立て方] は p.64 参照

〔仕立て方〕

1　図案を組み合わせて配置し、刺繍をします。

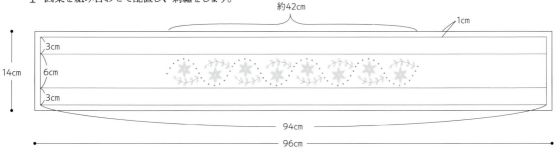

2　中表に縦にふたつに折り、筒状に縫い合わせます。

3　表に返して、刺繍が中央にくるように整えます。

4　両端を1cm折り込んで、縫います。

5　帽子に結びます。

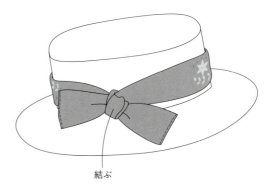

あじさいの巾着 page 18

生地 / リネン（ベージュ）12cm×14cm
外袋 / コットン（花柄）27cm×34cmを2枚
内袋 / 薄手のコットン（ベージュ）27cm×34cmを2枚
リボン / 1540－3.5㎜（366）
　　　　7㎜（198）
25番刺繍糸 /（3022）（3866）
ひも / 幅6㎜（グレー）70cmを2本

〔実物大図案と刺し方図〕

で先に全体をある程度うめ、すきまをリボンステッチ1本でさらにうめていく。

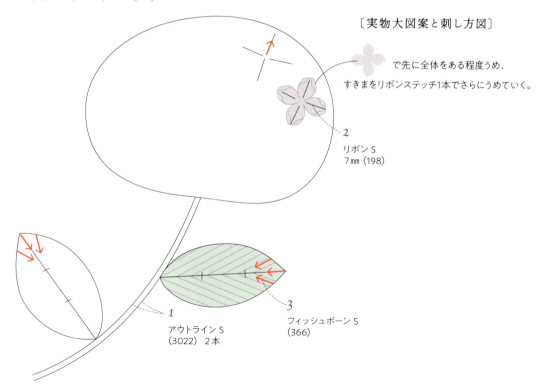

2 リボンS
7㎜（198）

1 アウトラインS
（3022）2本

3 フィッシュボーンS
（366）

〔裁ち方図〕〔仕立て方〕は p.66 参照

〔裁ち方〕

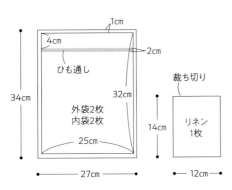

〔仕立て方〕

1 リネンに刺繍をして、外布に縫いつけます。

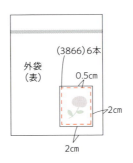

2 外袋と内袋を中表に合わせ、入れ口側を縫います。

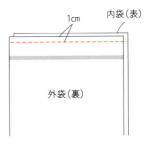

3 2枚を中表に合わせ、返し口とひも通し口を残してぐるりと縫います。

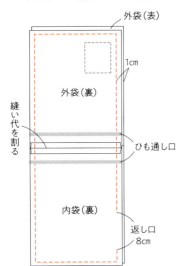

4 表に返して縫い代を折り込み、返し口を縫います。

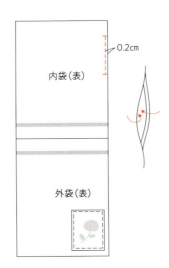

5 内袋を外袋の中に入れ、ひも通しの上下を縫い、両側からひもを通します。

マーガレットとスズランのスケッチ page 19

マーガレット

生地/リネン（ベージュ）
リボン/1540－3.5㎜（357）
　7㎜（470）
25番刺繡糸/（3022）（3046）

スズラン

生地/リネン（ベージュ）
リボン/1540－3.5㎜（470）
　7㎜（470）
25番刺繡糸/（730）（3362）

〔実物大図案と刺し方図〕

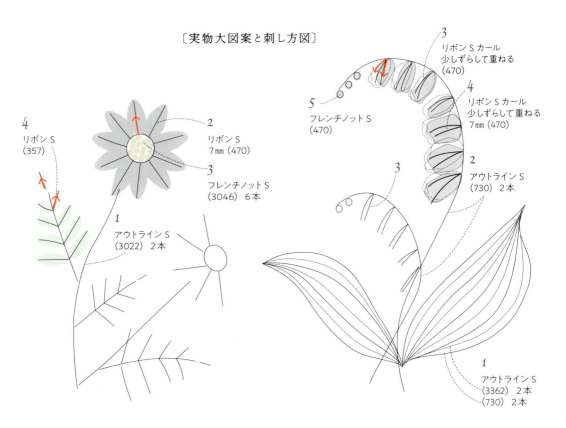

ハナコトバブローチ page 20・21

すべて共通
ブローチ台/銅板つきカラワクブローチ φ35mm（シルバー）
ジーンズステッチ糸（ブローチ仕立て用）
その他/接着剤

p.94 ブローチの仕立て方を参照して作ります。

ポピー

生地/リネン（ベージュ） 8cm角
リボン/1540－3.5mm（424）（364）
　7mm（048）
25番刺繍糸/（ECRU）（310）（816）（3051）

〔実物大図案〕　〔刺し方図〕

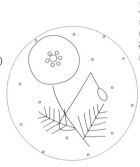

3 ギャザードローズS 丸花
（リボン5cm分をなみ縫い）
花7mm（048）
糸（816）3本

4 フレンチノットS
（424）

5 フレンチノットS
（310）3本

6 レイズドサテンS
（364）

1 アウトラインS
（3051）2本

2 ストレートS＋フライS
（3051）1本

7 まわりのフレンチノットS
（ECRU）2本

ハナミズキ

生地/リネン（ベージュ） 8cm角
リボン/1540－7mm（348）（470）
25番刺繍糸/（452）（610）（647）（3053）

〔実物大図案〕　〔刺し方図〕

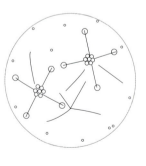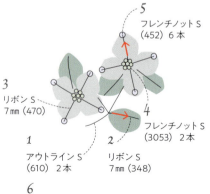

5 フレンチノットS
（452）6本

3 リボンS
7mm（470）

4 フレンチノットS
（3053）2本

1 アウトラインS
（610）2本

2 リボンS
7mm（348）

6 まわりのフレンチノットS
（647）2本

68

ノイバラ

生地/リネン（ベージュ）8cm角
リボン/1540－3.5㎜（374）（491）
25番刺繍糸/（407）（3013）（3046）

〔実物大図案〕

〔刺し方図〕

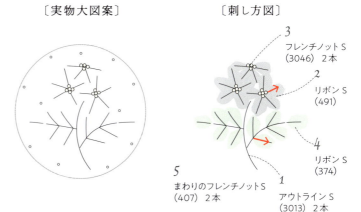

3 フレンチノットS
（3046）2本

2 リボンS
（491）

4 リボンS
（374）

5 まわりのフレンチノットS
（407）2本

1 アウトラインS
（3013）2本

プリムラ

生地/リネン（ベージュ）8cm角
リボン/1540－3.5㎜（374）（112）
25番刺繍糸/（318）（3013）（3046）

〔実物大図案〕

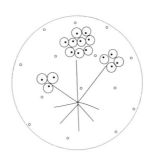

〔刺し方図〕

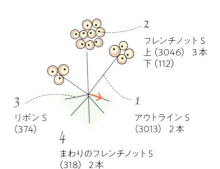

2 フレンチノットS
上（3046）3本
下（112）

3 リボンS
（374）

1 アウトラインS
（3013）2本

4 まわりのフレンチノットS
（318）2本

ハナコトバブローチ　page 21・22

ブラックベリー

生地 / リネン（ベージュ）　8cm角
リボン / 1540－3.5mm (113) (364) (530)
　　　　7mm (366)
25番刺繍糸 / (318) (3022)

〔実物大図案〕

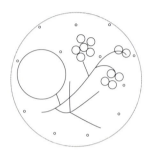

〔刺し方図〕

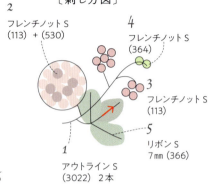

2　フレンチノットS
　　(113) + (530)

4　フレンチノットS
　　(364)

3　フレンチノットS
　　(113)

5　リボンS
　　7mm (366)

1　アウトラインS
　　(3022)　2本

6　まわりのフレンチノットS
　　(318)　2本

モッコウバラ

生地 / リネン（ベージュ）　8cm角
リボン / 1540－3.5mm (366) (470)
25番刺繍糸 / (ECRU) (451) (3022)

〔実物大図案〕

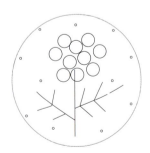

〔刺し方図〕

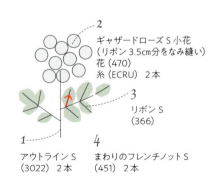

2　ギャザードローズS 小花
　　（リボン3.5cm分をなみ縫い）
　　花 (470)
　　糸 (ECRU)　2本

3　リボンS
　　(366)

1　アウトラインS
　　(3022)　2本

4　まわりのフレンチノットS
　　(451)　2本

ヤグルマギク

生地 / リネン（ベージュ）　8㎝角

リボン / 1540－3.5㎜（364）（530）

25番刺繍糸 /（317）（647）（902）

〔実物大図案〕

〔刺し方図〕

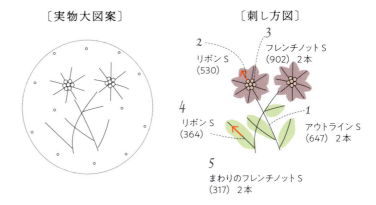

ラズベリー

生地 / リネン（ベージュ）　8㎝角

リボン / 1540－3.5㎜（113）（366）
　　　　7㎜（374）（470）

25番刺繍糸 /（610）（782）（3046）

〔実物大図案〕

〔刺し方図〕

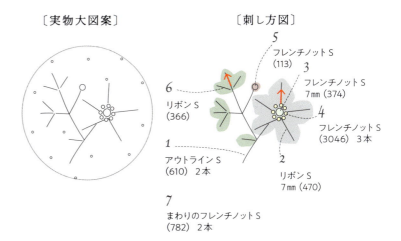

ハナコトバブローチ page 22・23

ライラック

生地/リネン（ベージュ）8cm角
リボン/1540-3.5mm（198）
　7mm（366）
25番刺繍糸/（ECRU）（3051）（3740）

〔実物大図案〕

〔刺し方図〕

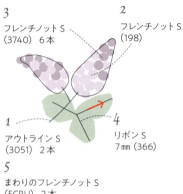

3　フレンチノットS（3740）6本
2　フレンチノットS（198）
1　アウトラインS（3051）2本
4　リボンS 7mm（366）
5　まわりのフレンチノットS（ECRU）2本

カラスノエンドウ

生地/リネン（ベージュ）8cm角
リボン/1540-3.5mm（364）（530）
　7mm（112）
25番刺繍糸/（647）（3046）

〔実物大図案〕

〔刺し方図〕

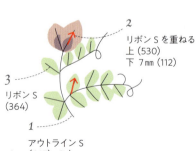

2　リボンSを重ねる
　上（530）
　下 7mm（112）
3　リボンS（364）
1　アウトラインS（647）2本
4　まわりのフレンチノットS（3046）2本

ツルニチニチソウ

生地/リネン（ベージュ）8cm角
リボン/1540－3.5㎜ (252)(374)
25番刺繍糸/ (318)(3013)(3778)

〔実物大図案〕

〔刺し方図〕

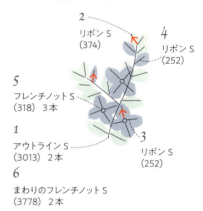

2 リボン S (374)
4 リボン S (252)
5 フレンチノット S (318) 3本
1 アウトライン S (3013) 2本
3 リボン S (252)
6 まわりのフレンチノット S (3778) 2本

マリーゴールド

生地/リネン（ベージュ）8cm角
リボン/1540－3.5㎜ (113)(366)
25番刺繍糸/ (729)(3046)(3051)

〔実物大図案〕

〔刺し方図〕

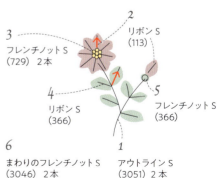

3 フレンチノット S (729) 2本
2 リボン S (113)
4 リボン S (366)
5 フレンチノット S (366)
6 まわりのフレンチノット S (3046) 2本
1 アウトライン S (3051) 2本

ハナコトバブローチ page 23

ラナンキュラス

生地 / リネン（ベージュ） 8cm角
リボン / 1540-3.5mm (102) (374)
25番刺繍糸 / (415) (758) (3022)

〔実物大図案〕

〔刺し方図〕

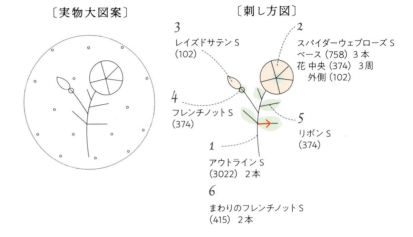

2 スパイダーウェブローズ S
 ベース (758) 3本
 花 中央 (374) 3周
 外側 (102)

3 レイズドサテン S
 (102)

4 フレンチノット S
 (374)

5 リボン S
 (374)

1 アウトライン S
 (3022) 2本

6 まわりのフレンチノット S
 (415) 2本

ヤマブキ

生地 / リネン（ベージュ） 8cm角
リボン / 1540-3.5mm (364)
　1542 (5)
25番刺繍糸 / (414) (676) (3022)

〔実物大図案〕

〔刺し方図〕

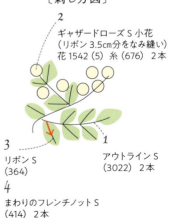

2 ギャザードローズ S 小花
 （リボン 3.5cm分をなみ縫い）
 花 1542 (5) 糸 (676) 2本

1 アウトライン S
 (3022) 2本

3 リボン S
 (364)

4 まわりのフレンチノット S
 (414) 2本

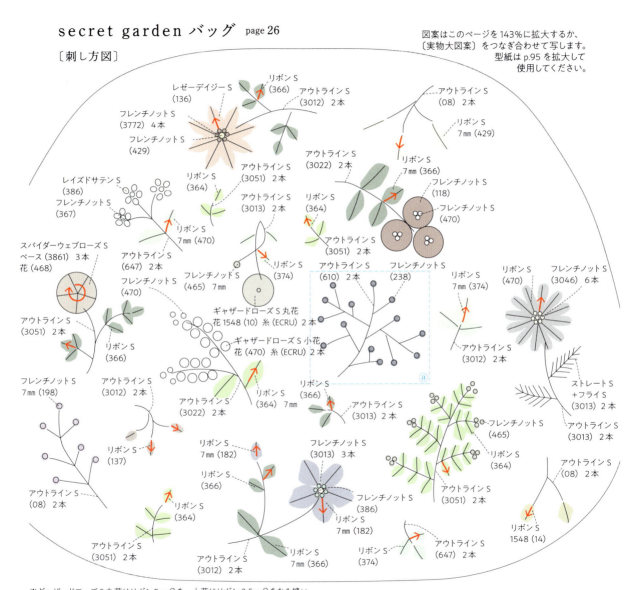

secret garden バッグ page 26

〔実物大図案〕
p.76の図案を先に写し、ⓐ部分を重ねて
位置を合わせてから p.77 を写してください。

外袋/ベロア（ライトグレー）30cm×30cmを2枚
内袋/コットン（チャコールグレー）30cm×30cmを2枚
接着芯/30cm×30cmを2枚
口金/18cmくし型天両丸カンつき（F15 ATS 角田商店）＋紙ひも
Dカン/幅18mm 2個
持ち手/幅1cmのベロアリボン（ピンクベージュ）120cm
その他/接着剤　目打ち　ペンチ

リボン / 1540−3.5mm (118) (136) (137) (238) (364) (366) (367) (374) (386) (429) (465) (468) (470)
　7mm (182) (198) (364) (366) (374) (429) (465)
　1548 (10) (14)
25番刺繍糸 /(ECRU) (08) (610) (647) (3012) (3013) (3022) (3046) (3051) (3772) (3861)

〔仕立て方〕

1 外袋の前面に刺繍をしてから生地をカットし、裏側に接着芯を貼ります。

2 外袋を中表に合わせ、あき止まりまで縫い、カーブの縫い代に切り込みを入れます。

3 外袋を表に返します。

4 内袋を中表に合わせ、あき止まりまで縫います。外袋を内袋の中に入れます。

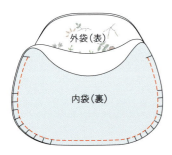

5 返し口を残して入れ口をぐるりと縫います。

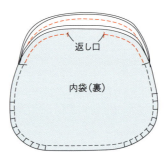

6 返し口から表に返し、返し口をとじます。

7 口金の内側に接着剤をつけ、紙ひもと一緒に口金に押し込みます。

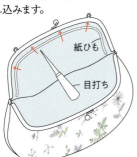

8 口金にあて布をしてペンチで押さえ、固定します。Dカンにベロアリボンを縫いつけてから口金につけます。

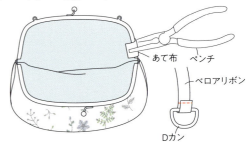

スミレとスズランのルームウェア　page 24

生地／コットンのルームウェア（グレー）

リボン／1540-3.5mm（386）（429）（491）（530）
　　　　1542（9）

25番刺繍糸／（414）（3022）（3042）（3046）

〔刺し方図〕

ボトム

1 アウトライン S（3022）1本
2 リボン S カール（491）少しずらして重ねる
3 フレンチノット S（491）
4 リボン S 1542（9）
6 フレンチノット S（386）
5 ストレート S（3046）1本
7 フレンチノット S（414）3本
4 リボン S（530）
6 フレンチノット S（429）
5 ストレート S（3042）1本

リボンの上にステッチ

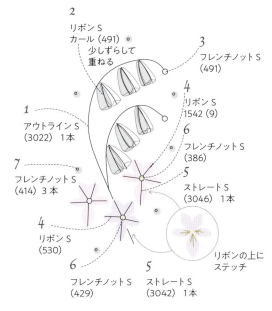

トップ

4 リボン S（530）
7 フレンチノット S（414）3本
4 リボン S 1542（9）
6 フレンチノット S（386）
1 アウトライン S（3022）1本
2 リボン S カール（491）少しずらして重ねる
3 フレンチノット S（491）
6 フレンチノット S（429）
5 ストレート S（3046）1本
5 ストレート S（3042）1本

リボンの上にステッチ

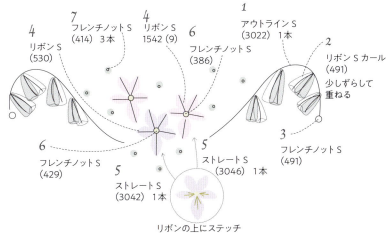

〔実物大図案〕は p.80 参照

〔実物大図案〕

トップ　　　　　　　　　　　　　ボトム

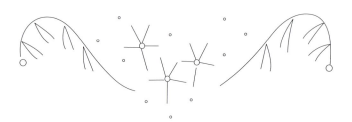

スミレのアイマスク　page 25

外布/リネン（パープル）21cm×11cm
内布/パイル（ラベンダー）21cm×11cm
接着キルト芯/20cm×8cm
ゴム/幅1.5cmの平ゴム 35cm
リボン/1540－3.5mm（198）（366）（429）
　　　1542（9）
25番刺繍糸/（647）（3046）

〔刺し方図〕

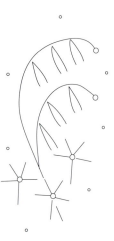

2 リボンS 1542（9）
3 ストレートS（3046）1本 リボンの上にステッチ
4 フレンチノットS（429）
1 アウトラインS（647）2本
5 リボンS（366）
6 まわりのフレンチノットS（198）

〔仕立て方〕

1　外布に刺繍をしてからカットします。

2　外布の裏側にキルト芯を貼ります。

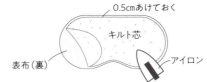

3　外布と内布を中表に合わせ、ゴムをはさみながら返し口を残してまわりを縫います。

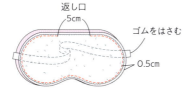

4　表に返して返し口をとじます。

〔図案配置と型紙〕　125%に拡大して使用してください。

野バラのストライプバッグ page28

生地 / ストライプ模様のバッグ（カーキグレー）
リボン / 1540－3.5㎜（470）（600）
　　1548（3）
5番刺繍糸 /（310）
25番刺繍糸 /（310）

〔実物大図案と刺し方図〕

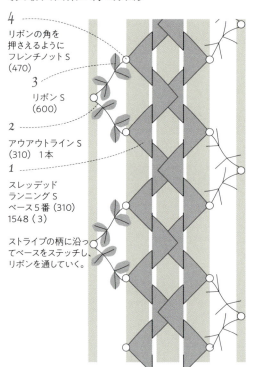

4
リボンの角を
押さえるように
フレンチノットS
（470）

3
リボンS
（600）

2
アウアウトラインS
（310）1本

1
スレッデッド
ランニングS
ベース5番（310）
1548（3）

ストライプの柄に沿っ
てベースをステッチし、
リボンを通していく。

〔図案配置図〕

ストライプに合わせて、スレッデッドランニングS
のベースを刺し、リボンを通す。

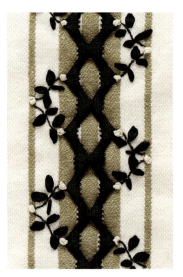

水玉と花の丸底巾着 page 29

外袋 / コットン（グレー地に白の水玉）26cm×27cmを2枚
内袋 / コットン（グレー）26cm×18.5cmを2枚
底布（外布・内布）/ 12cm角を2枚
ひも / 幅10mm片面ベロア 65cmを2本
リボン / 1540－3.5mm（136）（465）
　　　　7mm（465）
25番刺繍糸 /（3864）

〔実物大図案〕

a はこのまま
b は反転して、レゼーデイジー S
の2色を入れ替えて差す。

〔刺し方図〕

2色のレゼーデイジー S
外 a（136） b（465）
内 a（465） b（136）

リボン S
7mm（465）

アウトライン S
（3864） 2本

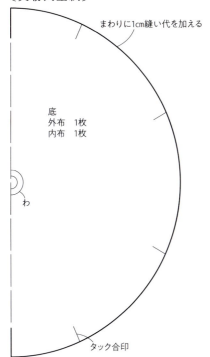

〔実物大型紙〕

底
外布　1枚
内布　1枚

わ

タック合印

まわりに1cm縫い代を加える

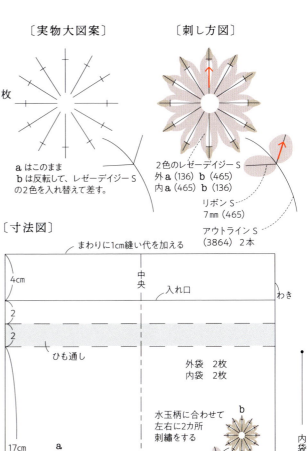

〔寸法図〕

まわりに1cm縫い代を加える

4cm　中央　入れ口　わき
2
2
ひも通し

外袋　2枚
内袋　2枚

水玉柄に合わせて
左右に2カ所
刺繍をする

外袋 25cm
17cm
内袋 16.5cm

タック　タック　タック　タック

2　2.2　3.6　2.2　2　2　2.2　3.6　2.2　2

24cm

〔仕立て方〕は p.84 参照

〔仕立て方〕

1 外袋に刺繡をし、カットします。外袋を中表に合わせ、ひも通し口を残して両わきを縫います。

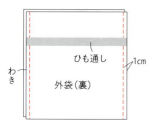

2 表に返して縫い代を割り、ひも通し口のまわりを縫います。

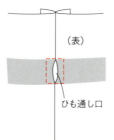

3 外袋の底側にタックを寄せて仮どめします。

4 外底布と外袋をまち針でとめ、縫い合わせます。

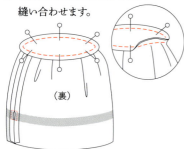

5 内袋を1、3と同じ要領で、返し口を残して縫います。

6 内底布と内袋をまち針でとめ、縫い合わせます。

7 外袋と内袋を中表にし、わきを合わせて入れ口側を縫います。

8 表に返して返し口をとじ、底どうしを合わせ、ひも通しを縫います。

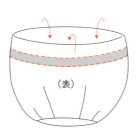

9 ひもを2等分にカットし、両わきから通して結びます。

2色の花びらのくるみボタン page 30

生地 / リネン（ベージュ）7cm角
リボン / 1540 − 3.5㎜ 2色
25番刺繡糸 / 4本
その他 / カバードボタン 27㎜（清原）
　a　リボン /（198）（429）　糸 /（07）
　b　リボン /（440）（552）　糸 /（04）
　c　リボン /（556）（468）　糸 /（535）
　d　リボン /（118）（465）　糸 /（3772）
　e　リボン /（182）（137）　糸 /（318）

〔刺し方図〕

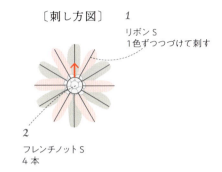

1　リボンS
1色ずつつづけて刺す

2　フレンチノットS
4本

〔実物大図案〕

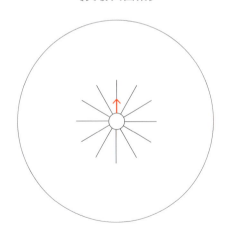

カバードボタン（清原）
用具がついた、くるみボタンのキット。
作り方はキットを参照してください。

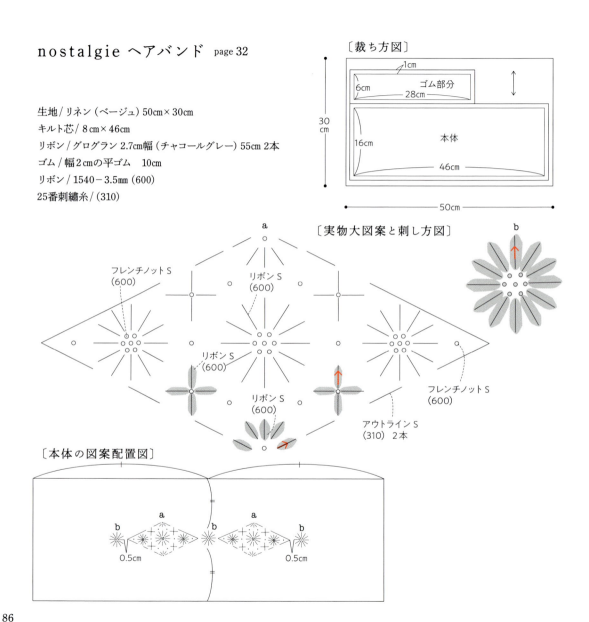

〔仕立て方〕

1. 刺繍をした本体とゴム部分の生地を中表に縦に折り、端を縫います。

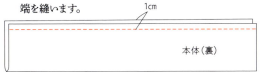
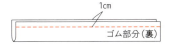

2. 本体、ゴム部分を表に返し、本体にはキルト芯を、ゴム部分には平ゴムを通します。

3. 本体の両端を図のようにたたみ、ゴムと縫い合わせます。

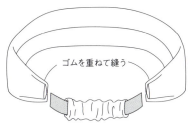
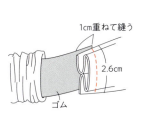

4. 2本のリボンの片端をそれぞれ折って縫います。

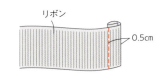

5. ゴム部分の端を1cm折り込み、リボンをはさみながら本体にかぶせて縫います。

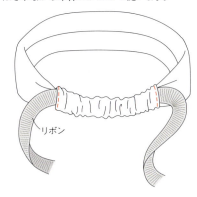
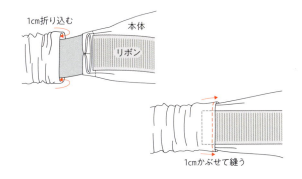

花摘みリップケース　page 33

a ブルー　b アイボリー
外袋 / リネン 7cm×11cmを2枚
内袋 / コットン 7cm×11cmを2枚
内外ともに a ブルー b アイボリー
コットンパール / 8mm 1個

丸カン / 5mm 1個　玉ピン /15mm 1本
リボン / 1540 - 3.5mm　a（374）（465）（470） b（113）（366）（386）
25番刺繍糸 / a（ECRU）（3022） b（844）（3051）
口金 /3.6cm深丸型片カンつき（F1 BLG・角田商店）＋紙ひも
その他 / 接着剤　目打ち　ペンチ　丸やっとこ

〔実物大図案と型紙、刺し方図〕

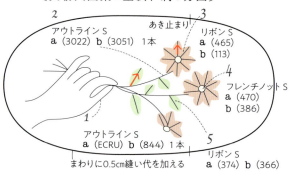

1　外袋に型紙を写し、1枚に刺繍をします。
2　生地に縫い代をつけてカットします。

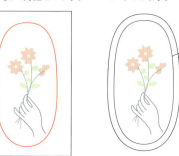

3　外袋と内袋を中表に合わせ、返し口を残して縫います。カーブの縫い代に切り込みを入れます。

4　表に返して、返し口をとじます。同様に2枚作ります。

5　外袋どうしを合わせて2枚を重ね、あき止まりまで、外袋だけを小さくすくってかがり、外袋を表に返します。

6　口金の内側に接着剤をつけ、紙ひもと一緒に目打ちで押し込みます。パールを玉ピンと丸カンでつけます。

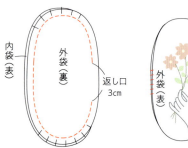

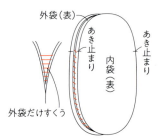
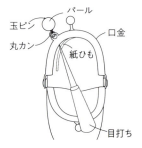

ミモザのブラウス page 34

ブラウス / アイボリー
リボン / 1540－3.5mm (419)
25番刺繍糸 / (3012) (3078)

〔図案と刺し方〕
125%に拡大して使用してください。

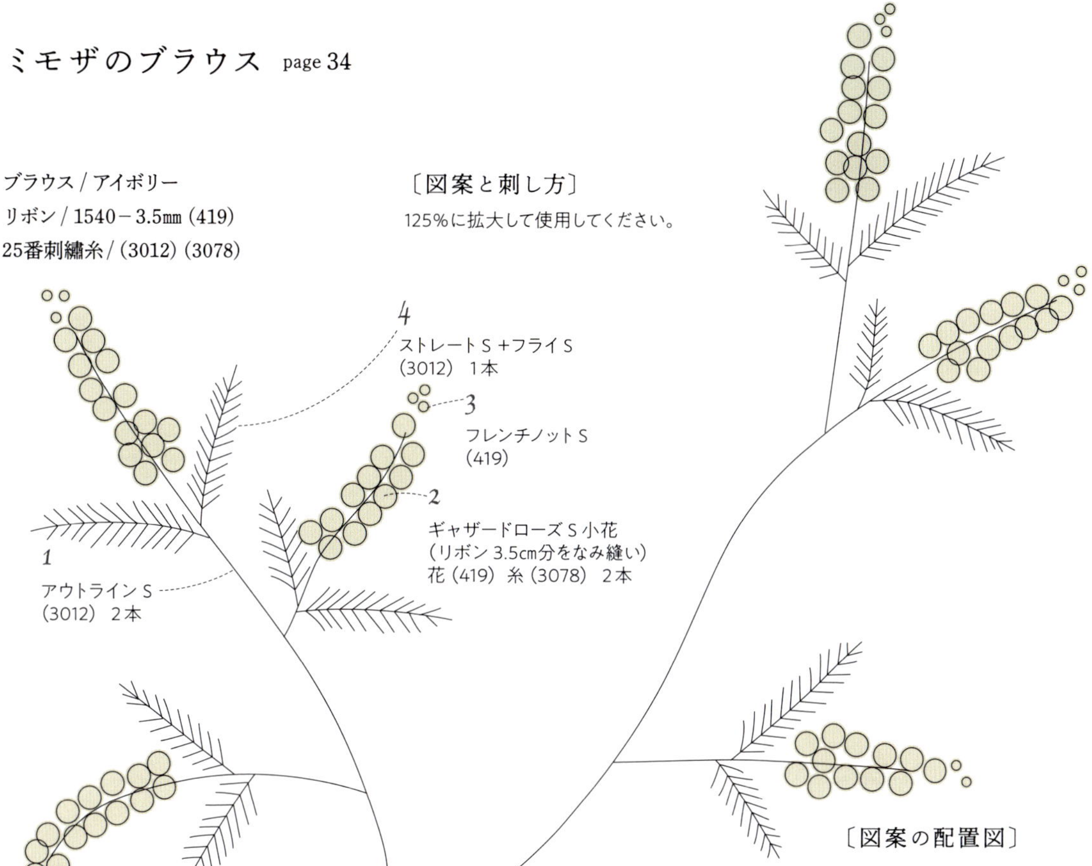

1 アウトラインS
(3012) 2本

2 ギャザードローズS 小花
(リボン3.5cm分をなみ縫い)
花 (419) 糸 (3078) 2本

3 フレンチノットS
(419)

4 ストレートS＋フライS
(3012) 1本

〔図案の配置図〕

ブラウスの前立てに刺す

ミモザのミニバッグ page35

〔裁ち方図〕

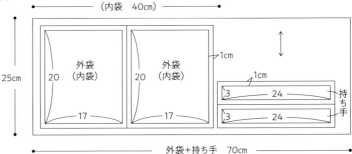

外袋・持ち手/リネン（濃紺）70cm×25cm
内袋/コットン（紺）40cm×25cm
リボン/1540-3.5mm（431）
25番刺繡糸/（367）（783）

〔仕立て方〕

1　外袋1枚に刺繡します。

2　持ち手を図のようにたたんで端を縫います。

縫い代を1cm折って端を縫う　1.5cm　0.2cm

3　外袋と内袋を中表に合わせ、間に持ち手をはさんで入れ口を縫います。同じものを2枚作ります。

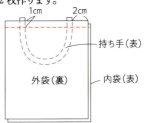

4　3を2枚中表に合わせ、返し口を残してまわりを縫います。

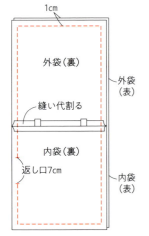

5　表に返して縫い代をたたみ、返し口を縫います。

6　外袋の中に内袋を入れ、入れ口をぐるりと縫います。

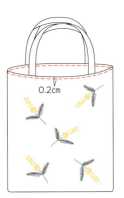

〔実物大図案と刺し方図〕

3 フレンチノット S
(431)

2 ギャザードローズ S 小花
(リボン 3.5cm分なみ縫い)
花 (431)
糸 (783) 2本

4 ストレート S ＋フライ S
(367) 1本

1 アウトライン S
(367) 2本

〔配置図〕

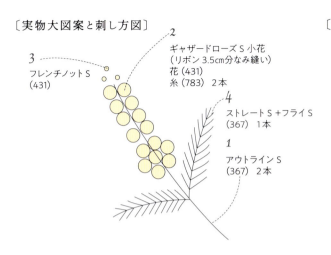
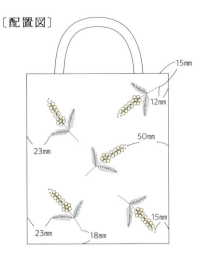

マーガレットのブローチ　page 37

生地 / リネン 6cm角
ブローチ台 / φ30mm銅板つきカラワクブローチ（シルバー）
山道テープ / 幅5mm 19山分（0805MOKUBA 25打）(11)
5番刺繡糸（下記参照）
ジーンズステッチ糸
その他 / ほつれどめ　接着剤

〔仕立て方〕

p.93 マーガレットの作り方を参照してモチーフを作り、p.94 ブローチの仕立て方を参照して作ります。

〔刺し方図〕

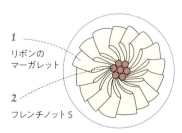

1 リボンの マーガレット

2 フレンチノット S

5番刺繡糸

a　生地 / ライトブルー　糸 / (407)
b　生地 / グレー　糸 / (356)
c　生地 / ブルー　糸 / (451)
d　生地 / ライトグリーン　糸 / (729)
e　生地 / ピンク　糸 / (840)
f　生地 / コーラルピンク　糸 / (524)

マーガレットの耳飾り page 36

a ホワイト　b ブラック
生地 / コットン 3cm角
金具 / 直径12mmのシャワー台つきピアス金具
山道テープ / 幅5cm 19山分(0805MOKUBA　25打)
　　a (11) b (3)
30番刺繍糸 / a (ECRU) b (310)
5番刺繍糸 / a (840) b (844)
ジーンズステッチ糸 a 生成り b 黒
その他 / ほつれどめ　接着剤　ペンチ

〔刺し方図〕

1 リボンのマーガレット

2 フレンチノットS
5番 a (840) b (844)

〔仕立て方〕

1 p.93の7までを参照してマーガレットを作ります。モチーフの中央をフレンチノットS7つでとめます。

2 マーガレットのきわのところで生地をカットします。

3 生地の周囲をぐし縫いしシャワー台を中にくるみ、引き絞ります。タッセルを作り、縫いつけます。

4 ツメを折り、ピアス金具をつけます。マーガレットの裏とくるんだシャワー台の表を接着剤で貼りつけます。

〔タッセルの作り方〕

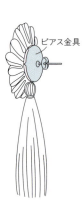
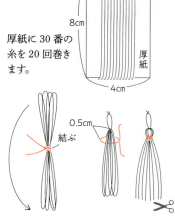

厚紙に30番の糸を20回巻きます。

中央を結び、ふたつ折りにして結びめから0.5cmのところでもう一度結びます。わをカットし、端を切りそろえます。

〔マーガレットの作り方〕

1 山道テープを19山分用意し、両端にほつれどめをつけます。

2 針にジーンズステッチ糸を通し、端からテープの片側の山をすくっていきます。

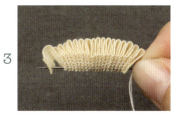

3 すべてすくったところ。

4 糸を引き、刺しはじめ3山ぐらいをすくいます。

5 糸を引いてまるくととのえます。

6 裏で玉結びをして糸を始末します。

7 5番刺繍糸を針につけます。モチーフの中央にフレンチノットステッチで生地にモチーフをとめます。

8 ジーンズステッチ糸を針につけ、まわりを生地にとめつけます。

9 半周とめつけたところ。1周とめつけ、糸は裏で始末します。

[ブローチの仕立て方]

1 刺繡の仕上がりサイズから1.5cm 外側でカットします。

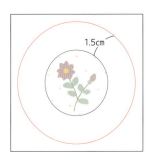

2 0.5cm内側をぐし縫いします。

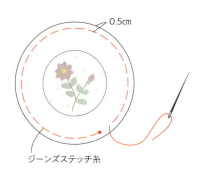

3 プレート（銅板）を中にくるんで引き絞ります。

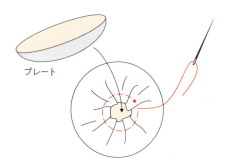

4 星形に糸を渡し引き締めます。

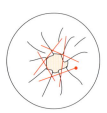

5 接着剤でブローチ台に貼りつけます。

[実物大型紙] 143％に拡大して使用してください。

secret garden バッグ p.75

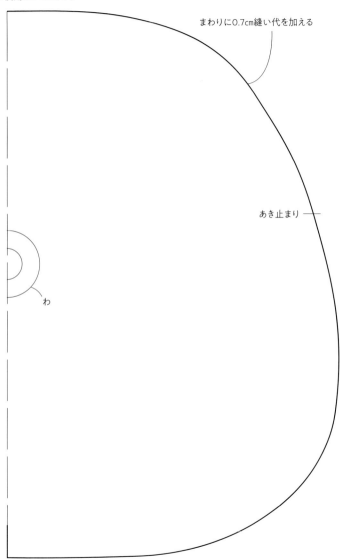

まわりに0.7cm縫い代を加える

あき止まり

わ

poritorie

植木理絵　（うえき　りえ）

アパレル会社勤務を経たのち、
刺繍作家として活動を始める。
現在はporitorie名義で活動中。定番のブローチや
季節に合わせた小物制作をし、ショップ、ギャラリーにて
展示・販売をするほか、
自宅やギャラリーにてワークショップを開催。
http://poritorie.petit.cc

撮影	新居明子
	天野憲仁（日本文芸社）
装丁・デザイン	天野美保子
スタイリング	荻野玲子
トレース	大森裕美子（tinyeggs studio）
校正	村上竜子
編集	小泉未来

小さな草花でいろどる
リボン刺繍 & 小物たち

2018年4月20日　第1刷発行

著　者　poritorie（ポリトリエ）
発行者　中村　誠
印刷所　図書印刷株式会社
製本所　図書印刷株式会社
発行所　株式会社 日本文芸社
　　　　〒101-8407　東京都千代田区神田神保町1-7
　　　　TEL. 03-3294-8931（営業）　03-3294-8920（編集）
Printed in Japan　112180401-112180401 Ⓝ 01
ISBN978-4-537-21567-0
URL https://www.nihonbungeisha.co.jp/
©poritorie 2018

印刷物のため、作品の色は実際と違って見えることがあります。ご了承ください。
本書の一部または全部をホームページに掲載したり、本書に掲載された作品を複製して
店頭やネットショップなどで無断で販売することは、著作権法で禁じられています。

乱丁・落丁本などの不良品がありましたら、小社製作部宛にお送りください。送料小社負担にておとりかえ
いたします。
法律で認められた場合を除いて、本書からの複写・転載（電子化を含む）は禁じられています。
また、代行業者等の第三者による電子データ化および電子書籍化は、いかなる場合も認められていません。
（編集担当：角田）

〈素材提供〉

清原株式会社
TEL.06-6252-4735
http://www.kiyohara.co.jp/store/

株式会社 角田商店
TEL.03-3863-6615
http://www.towanny.com/

DMC
TEL.03-5296-7831
http://www.dmc.com（グローバルサイト）

MOKUBA　ショールーム
東京都台東区 蔵前4丁目16-8
TEL.03-3864-1408